曲洲 编绘

画汉字 学汉字

HUAHANZI
XUEHANZI

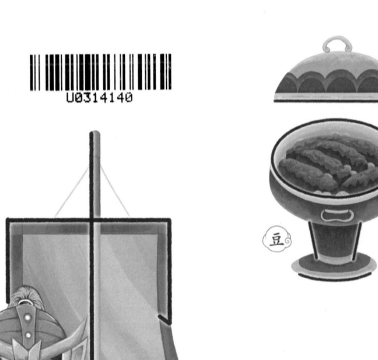

U0314140

化学工业出版社

·北京·

内 容 简 介

中国汉字，独具形象生动的线条和自然美好的方块形状，是中国文化的根，具有丰富的人文内涵。

《画汉字 学汉字》是一本画出来的"汉字王国"，精选了166个与日常生活密切相关的汉字，主要围绕汉字里的人、建筑、天文地理、动物和植物、战斗、生活六个板块展开，从甲骨文字形介绍开始，结合绘画手段将每个字的本义解读出来，帮助孩子们认识这些汉字的产生和演变。

本书既生动形象地讲解了古代汉字原本的寓意，让孩子们加深对汉字的理解，从而对中国汉字和传统文化产生浓厚的兴趣和亲切感，又能教孩子们利用汉字的构造和意义来绘画，激发孩子们的形象思维和创新思维。

图书在版编目（CIP）数据

画汉字 学汉字 / 曲洲编绘. —北京：化学工业出版社，2022.9
ISBN 978-7-122-41864-7

Ⅰ.①画… Ⅱ.①曲… Ⅲ.①汉字—青少年读物 Ⅳ.①H12-49

中国版本图书馆CIP数据核字（2022）第128689号

| 责任编辑：崔俊芳 | 装帧设计：史利平 |
| 责任校对：杜杏然 | 排版设计：邓佳玮 |

出版发行：化学工业出版社(北京市东城区青年湖南街13号 邮政编码100011)
印　　装：北京宝隆世纪印刷有限公司
710mm×1000mm　1/16　印张11½　字数92千字　2023年5月北京第1版第1次印刷

购书咨询：010-64518888　　　　　　　售后服务：010-64518899
网　　址：http://www.cip.com.cn
凡购买本书，如有缺损质量问题，本社销售中心负责调换。

定　　价：69.00元

六千年前的"简笔画"

大家好，我是曲洲老师，这本《画汉字 学汉字》已经绘制编写了将近四年时间，今天终于跟大家见面了。

汉字发展至今，已经有六千多年的历史了，字形经历了甲骨文、金文、篆文、隶书、楷书、草书、行书等各个阶段的演变，古代汉字有象形、指事、会意和形声四种造字法。

其中，我觉得最为神奇的字形就是象形字了，古人脑洞大开，竟然用"简笔画"的方式，画出了文字。比如"大"字，代表的是人，一横就是人的手臂，一撇一捺画出了人的头部、躯干和两条腿，虽然线条简单，但表达得非常准确，真是有趣。再看"夷"字，就是在"大"字的身上缠满绳子，用来表现被缚住的人，简直太生动了。古人使用这种高度形象的"简笔画"画出了古代汉字，许多汉字沿用至今，让我们看到了六千年前的文化缩影。

一个个汉字就像是一个个故事。在这本书里，我以现代汉字的笔画为绘画结构，参考了大量资料，尽量揣摩和还原古人造字的本意和想法，终于把这些可爱的"简笔画"还原成了一幅幅完整的画作。把汉字画出来之后，它原本的寓意也更加清楚了。从这些汉字的一笔一画里，你都能发现古人的无穷智慧和浪漫情怀。同时，书中还展示了这些汉字从甲骨文或金文到楷书的演变过程。希望这本书能让孩子们进一步感受汉字文化的魅力，从而爱上汉字。

如果你也喜欢画画，那就赶紧拿起画笔，跟着我的绘画步骤画出可爱的汉字吧！

曲　洲

2022年10月

我的绘画工具

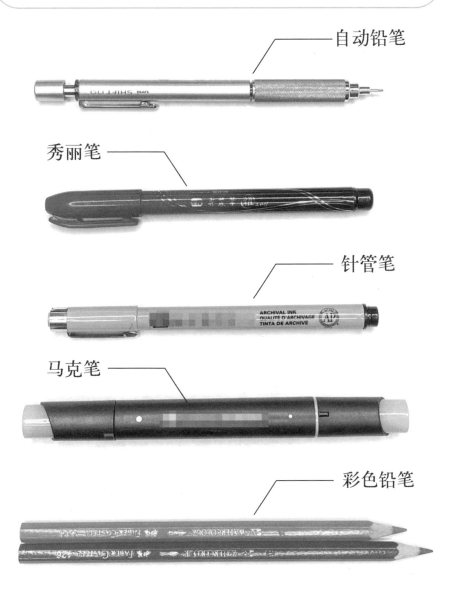

自动铅笔

秀丽笔

针管笔

马克笔

彩色铅笔

🌀 我的绘画步骤

1.先用自动铅笔绘制出草图，画草图的时候一定要下笔轻一点。

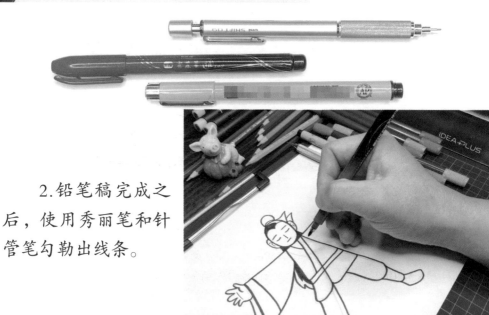

2.铅笔稿完成之后，使用秀丽笔和针管笔勾勒出线条。

3.线稿墨迹干透之后，用橡皮轻轻地擦除铅笔稿。

4.用马克笔为画面涂上颜色。马克笔出水较重，画纸下面要垫草稿纸，以免墨水渗透到桌面。

5.整体上色完成之后，再使用彩色铅笔为画面加上细节和层次，一幅汉字绘画作品就完成了。

目录

第二章　汉字里的建筑

第三章　汉字里的天文地理

第四章　汉字里的动物和植物

第五章　汉字里的战斗

第六章　汉字里的生活

谨以此书献给我的儿子曲星汉
以及所有热爱汉字的孩子们

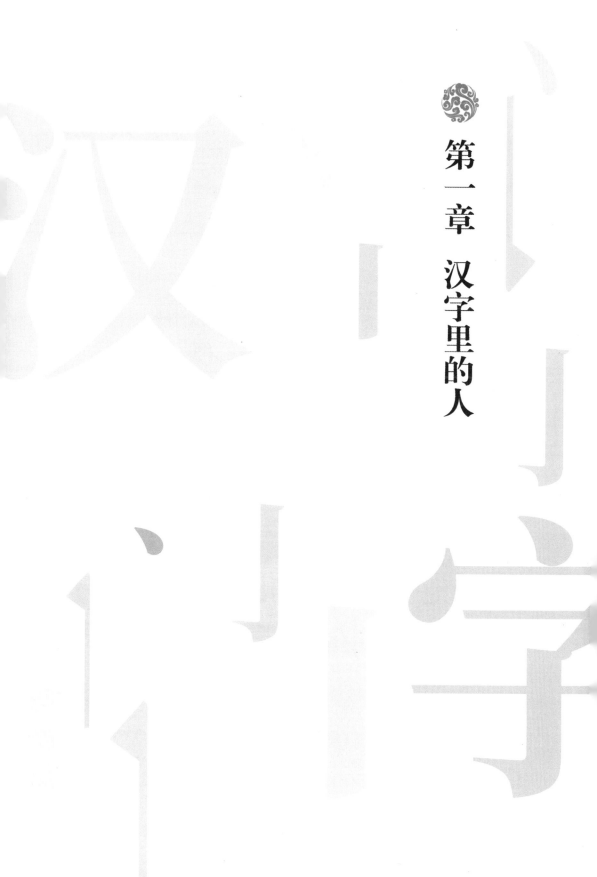

第一章　汉字里的人

画出来的汉字

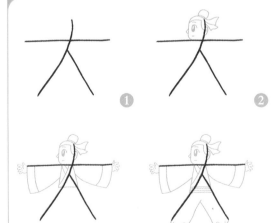

"大"字是一个非常典型的象形字,你仔细看看这个字,是不是好像有手臂、躯干和腿?借人四肢张开后的形状表示"大",我们不得不赞叹古人的智慧。

※演变中的汉字

画出来的汉字

在古人心中，天是至高无上的。在"天"字中，"大"代表一个人的形象，上面再写一横来代表天空，寓意每个人的头上都顶着一片"天"。

① ② ③ ④

 ※演变中的汉字

画出来的汉字

"子"字就像一个襁褓里的孩子，上面的部分是孩子的头部和手臂，下面的部分是包裹在被子里的腿。每个孩子都是从襁褓里成长起来的，"子"本义是幼儿，确实特别形象。

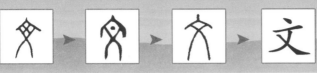

画出来的汉字

古时候，有些人会把自己部落的图腾画在胸口或后背上。"文"的字形模仿一个站着的人，在金文中，"文"字中间的一点代表人身上的文身。这是"文"字最初的含义。

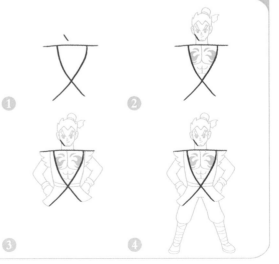

 ▶ ▶ ▶

画出来的汉字

①

②

③

④

在"立"字中，上半部代表一个站着的人，下半部的"一"代表地面，整个字表现了一个人站在地上，所以"立"字的本义就是站立。

夫 ▶ 夫 ▶ 市 ▶ 夫 **夫**

画出来的汉字

"夫"字像一个正面站立的人形，字形是在"大"上面加一条短横线。这条短横线代表古代男子头上的发簪。在古代，只有成年男子才会束发戴帽，所以"夫"的本义就是成年男子。

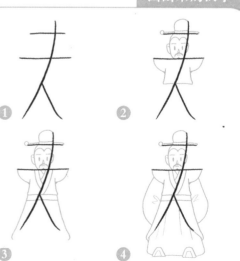

① ② ③ ④

※演变中的汉字

 ➤ 坙 ➤ 坐 ➤ 坐

画出来的汉字

❶ ❷

❸ ❹

你有没有发现"坐"字里有两个"人"呢？很久以前，人们都是席地而坐，"坐"字就是表示两个人坐在地上的样子。只是所坐的"土"后来慢慢演变成了席子或者椅子。

画出来的汉字

在古代，"祝"表示祭祀神灵、祷告祈福的场景。在甲骨文的字形中，左边的字形代表祭坛，右边的字形代表参加祭祀的人。"祝"的本义为跪求神明保佑，引申为祝词、祝贺、祝愿等义。

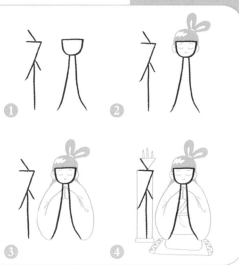

画出来的汉字

①

②

③

④

"囚"字的字形很像是一个人被关了起来。"口"代表封闭的空间，而其中的"人"就代表罪犯，所以"囚"字的本义就是拘禁。

▶ ▶ ▶

画出来的汉字

"因"字是"口"里有人，但与"囚"不同，这里的"口"指的是席子，表示人舒适地张开双臂躺在席子上。所以"因"的本义就是席子或者褥子，后引申为有所依据的意思。

 ❶

 ❷

 ❸

 ❹

画出来的汉字

① ② ③ ④

"介"字的本义是铠甲或护身皮革。在其甲骨文的字形中，侧立人形的边上有几个点，这些点就代表保护士兵的铠甲，演变到现在，就变成了"人"字下面的一撇一竖，是不是很有趣呢？

好 ▶ 好 ▶ 好 ▶ 好

画出来的汉字

"好"的字形表示一个女人抱着自己的孩子。当女人生了宝宝，就意味着新生命的诞生，这当然是一件好事。"好"字的本义就是女子美丽或母子亲密美好。

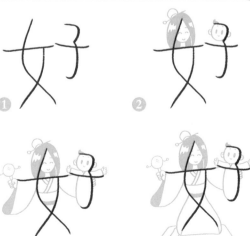

❶ ❷ ❸ ❹

※演变中的汉字

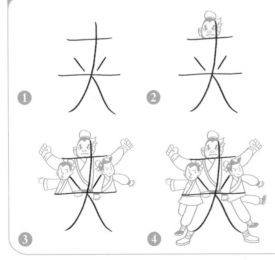

请看甲骨文的"夹"字,是不是像两个身材矮小的人中间站着一个身材高大的人呢?古人造字真是特别形象,很生动地还原了这个场景。把它画出来,能帮我们更好地理解这个字。

▶ ▶ ▶

画出来的汉字

"初"字由"礻"和"刀"组成，表现了一个人准备用剪刀开始裁剪衣服的场景。所以"初"字本义是指开始裁衣，并由此引申为开始的意思。

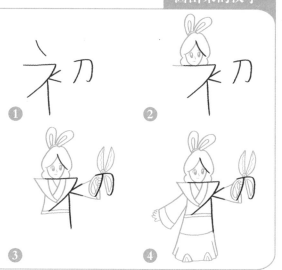

画出来的汉字

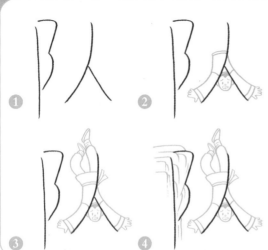

① ② ③ ④

"队"字是"坠"字的本字，它的表达方式非常直观，从甲骨文字形开始，表现一个人从高处坠下。后来，"队"被假借为"军队"的"队"，表示一个集体的编制单位，另造"坠"字表示坠落。

画出来的汉字

一个人跪坐着，伸出双手在培植草木，这就是"艺"的繁体字"藝"的造型。它的本义是种植，后来常用于表示技艺、技术，并由此引申出艺术的意思。

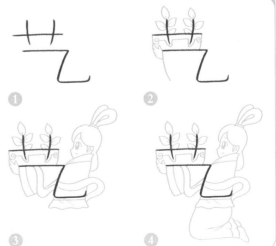

❶　❷

❸　❹

  表 表

画出来的汉字

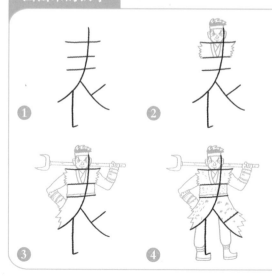

① ② ③ ④

"表"字是个会意字，它表现的是一个人穿着兽皮做的皮衣。这种皮衣的兽毛向外，所以"表"有外面、表面的意思。

画出来的汉字

　　"佃"字是个会意字，从它的字形里能看到有"人"和"田"。这个字的本义是指旧时农民向地主或官府租种土地。

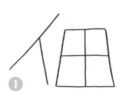

❶

❷

❸

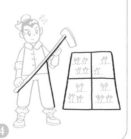

❹

 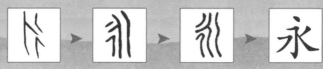

※演变中的汉字

画出来的汉字

① ② ③ ④

古人按照人在河水中顺流而下游动的样子，造出了"永"字。你看它的字形，是不是很像一个人在水中游泳呢？"永"的本义指河道水流绵长，又引申出持续不断的意思。

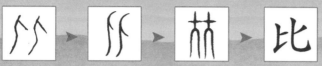 

画出来的汉字

　　"比"字的甲骨文造型非常形象，就是两个人肩并肩并排站着，两人的姿态几乎一样。"比"的本义指亲近，后来引申为并列、靠近的意思，比如"天涯若比邻"中的"比"就表达了这个意思。

※演变中的汉字

 ➤ ➤ ➤

画出来的汉字

① ② ③ ④

　　最早造字的时候，"包"字用于表示妈妈肚子里怀着宝宝的样子，它是"胞"的本字。随着汉字的演变，"包"字还引申出把东西裹起来的意思。

畏 ▶ 畏 ▶ 畏 ▶ 畏

画出来的汉字

"畏"字最早代表驱鬼的巫师。其甲骨文字形像是一个戴着凶恶面具的巫师，手持魔杖，跳着逐鬼驱邪的舞蹈。后来，"畏"字演变出畏惧、害怕的意思。

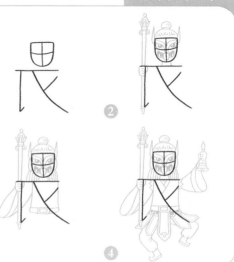

❶ ❷ ❸ ❹

任

仜 ▸ 任 ▸ 任 ▸ 任

画出来的汉字

① ②

③ ④

"任"字的甲骨文字形中，左边表示人，右边表示骨针，骨针有穿通之义。"任"字在甲骨文中指能够突出重围的人，引申出承担之义。

※演变中的汉字

甲 ▶ 屮 ▶ 方 ▶ 方 ▶ 方

画出来的汉字

关于"方"的本义，有人认为是刀柄，也有人认为是流放的犯人。最近又有专家认为"方"字的本义是泛指外族人，我觉得这种说法很合理，就用"方"字来画出一位外族人吧。

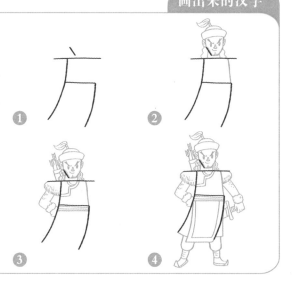

甲 ▶ 鬼 ▶ 鬼 ▶ 鬼

画出来的汉字

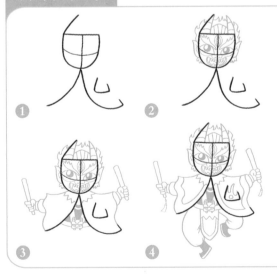

① ② ③ ④

古人认为人死后会变成面目可怕的鬼魂，所以"鬼"字的上部是个非常可怕的脑袋，下部是个人形。这不就是甲骨文的"鬼"字吗？"鬼"后来引申出阴险、机灵之义。

画出来的汉字

甲骨文的"并"很像左右相连或前后相从的两个人。因此，"并"的本义就是合并。后来引申为一起、同时等，如群雄并起、齐头并进。

①

②

③

④

夭 ▶ 夭 ▶ 夭 ▶ 夭

画出来的汉字

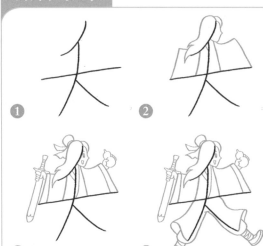

① ② ③ ④

"夭"字是一个象形字，表现一个迈开大步奔跑双臂前后摆动的人。"夭"的本义为奔走，引申为趋向、前往。将两个"夭"连在一起使用，还有绚丽茂盛的意思，如"桃之夭夭"。

央 → 央 → 央 → 央

画出来的汉字

甲骨文"央"字表现一个被束缚在刑具中的人，故将"央"视为"殃"的本字。"央"的引申含义有两个，一是中间，如"中央"；二是恳求，如"央求"，戴着刑具的人是痛苦不堪的，会不断地央求饶恕。

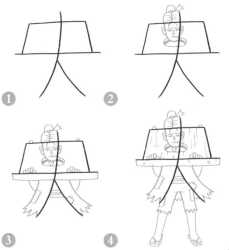

❶ ❷ ❸ ❹

※演变中的汉字

画出来的汉字

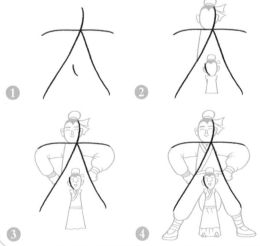

① ② ③ ④

"太"表示大而又大，其古文的字形像是一个"巨人"胯下站着一个"小人"的样子。对于"小人"而言，"巨人"实在太大了，古人用这样的对比来形容比"大"更大的事物。

画出来的汉字

从甲骨文字形可以看出，"夷"字像是用长长的绳子绑住了一个人。这个字与大、弓有关。本义为讨平、平定。古代东方部落多以弓箭为武器，因此"夷"又用来指东方部落。

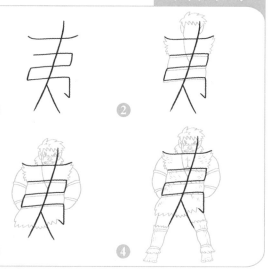

※演变中的汉字

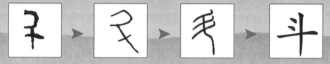

画出来的汉字

① ② ③ ④

"斗"字的甲骨文字形像是一个有手柄的器械，古人在造字的时候用这个字表现两个人搏斗的样子，所以"斗"字的本义是争斗、对打。另外，"斗"字还有争吵的意思。

画出来的汉字

"奚"的甲骨文字形非常生动：一只大手拉着一根绳子，绳子的另一头绑着一个人。"奚"字描绘的是古代奴隶被绳索束缚的场景。所以"奚"的本义就是奴隶。

❶

❷

❸

❹

罪

 → → →

画出来的汉字

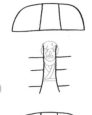
①
③

②
④

"罪"的上半部分表示渔网，有缉捕的意思，下面的"非"则代表违法的事物，所以这个字的本义就是抓捕违法的犯人。随着汉字含义的演变，慢慢引申出了罪过、受罚的意思。

画出来的汉字

"夸"的本义为大，引申为夸张、夸大。"夸父追日"是大家都知道的神话故事，夸父追逐太阳，翻山越岭，"夸"字就生动地表现了这个场景。

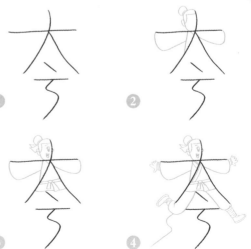

① ② ③ ④

第二章 汉字里的建筑

間 ▸ 間 ▸ 問 ▸ 问 ▸ 问

画出来的汉字

"问"的本义是请人解答。去别人家中拜访的时候，通常会先隔着门说话，而对话也一般是问句，比如"家里有人吗？""你找谁呀？"等，所以一扇门、一张嘴就组成了"问"字。

 ❶

 ❷

 ❸

 ❹

高

画出来的汉字

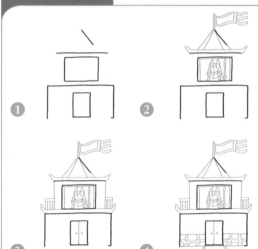

① ② ③ ④

甲骨文的"高"意为距离地面远，它的形状像高台建筑。根据字形就可以看出，这座建筑分为上下两层。高台建筑是古代较为常见的建筑形式。

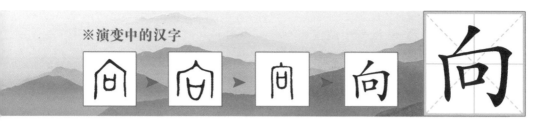

画出来的汉字

房子的轮廓加上一扇窗户，就组成了"向"字。中国人造房子时很讲究坐北朝南，这样可以更好地采光和通风。"向"的本义是朝北的窗户，后来就有了面对和方位的意思。

※演变中的汉字

央 ▶ 禽 ▶ 京 ▶ 京

画出来的汉字

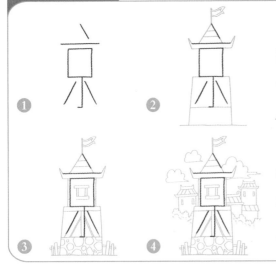

古代的君王喜欢修建高台，商纣王所建的鹿台，古巴比伦所建的空中花园，在当时都是非常高的建筑物了。甲骨文中"京"的字形就像是一座高高的建筑，上有尖顶，下有城楼，它的本义是人工筑成的高丘。

景 景 景 景 景

画出来的汉字

前面我们已经知道了"京"的含义是人工筑成的高丘，那"京"上面加一个"日"，就表示阳光照射在高大的建筑上，这是一幅十分美丽的景象，所以"景"后来引申为美丽的风光和抬头仰望的意思。

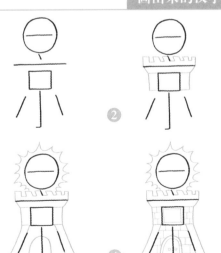

① ② ③ ④

画出来的汉字

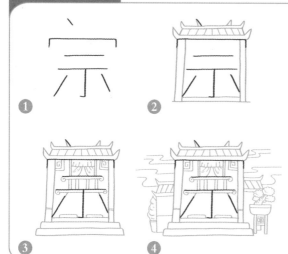

① ② ③ ④

古人会建造专门用于祭拜祖先的祖庙，"宗"的含义就是摆放先祖牌位的场所。"宀"代表建筑，里面的"示"代表祭拜和牌位。后来"宗"引申为先祖、宗族的意思。

画出来的汉字

"堂"的本义是人工筑成的方形土台，也指台基或高大的房屋。在周朝，对房屋台基的高度是有严格规定的，天子宫殿的台基高九尺，诸侯居住的房子台基高七尺，大夫五尺，士三尺。

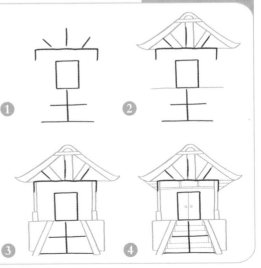

宿

画出来的汉字

①

②

③

④

"宿"的本义是住宿，从字形中可以看出：在一所房子里，一个人正躺在竹席上睡觉，席子上的纹路清晰可见。因为住宿的时间多是晚上，所以"宿"也有晚上、停留、休息的意思。

舍 舍 舍 舍 **舍**

画出来的汉字

"舍"在古代就是供旅人居住的客栈，而且还是比较简陋的客栈。字形顶部的"人"代表屋顶，中间的"干"代表柱子和横梁，下面的"口"代表房屋的基石。

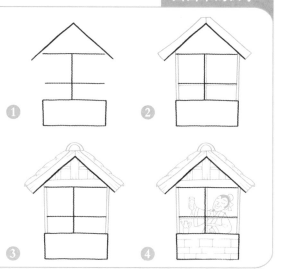

❶ ❷ ❸ ❹

画出来的汉字

①

②

③

④

古代"郭"与"城"含义有别，"郭"指外城，"城"指内城，"城郭"泛指城。"郭"是个形声字，本义就是指外城和城墙上用于守备的城楼。

防 𨺃 防 防 防

画出来的汉字

① ② ③ ④

"防"的本义是堤坝、堤防，也指筑起城墙防止敌人的袭击。在东周时期，各个诸侯国为了防御，纷纷在边境筑起高高的城墙。"防"也引申出了筑堤、防御的意思。

※演变中的汉字

画出来的汉字

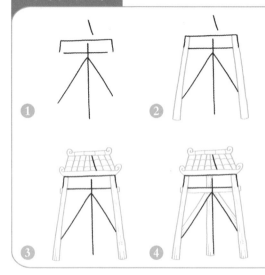

① ② ③ ④

古人造房子离不开木头，因此用"宀"表示房子，用"木"表示房屋以木为梁柱，"宋"的本义就是木质结构的房子。现在其本义已经消失，常用于国名、朝代名和姓氏。

画出来的汉字

"亭"字本义是古代设在道旁供行人休息的建筑物。它的上半部分代表这座建筑，下半部分的"丁"是一个正在歇脚的人，整个字描述了一个人在建筑里歇息的景象。

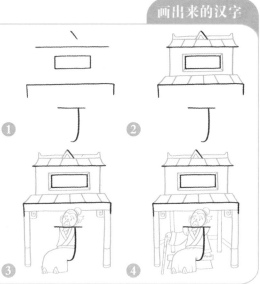

※演变中的汉字

仺 ▸ 倉 ▸ 倉 ▸ 仓

画出来的汉字

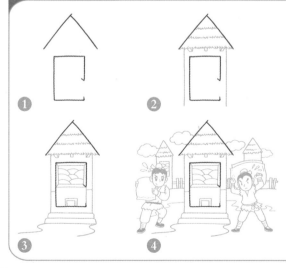

① ② ③ ④

"仓"的本义就是粮仓。从字形中就可以看出，这个粮仓有顶，有门，还有基座。我国已发现的最早的粮仓是在浙江河姆渡遗址出土的"干栏式"粮仓，距今约七千年。

※演变中的汉字

抢

画出来的汉字

"仓"是指粮仓，仓字边上加个"扌"，就代表伸手夺取粮食的意思。"抢"的本义是夺、拿，描述了饥民争先恐后动手抢粮的情景，后面引申出抢夺、争夺的意思。

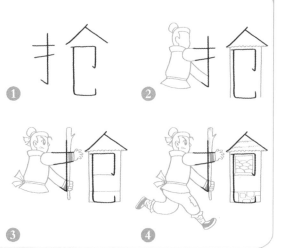

画出来的汉字

① ② ③ ④

古时候，士兵经常要去很远的地方打仗，他们总是盼着能够回归家园，过上安定的生活。"定"字描述了征战结束后，士兵们回到家的场景。在古代，能过上安定的生活，就是非常幸福的事了。

画出来的汉字

"学"是会意字，其甲骨文字形上半部分像双手摆弄木棍计算的样子，下半部分表示在屋里教孩子学习。"学"的本义是对孩子进行启蒙教育，可引申为模仿、学问等含义。

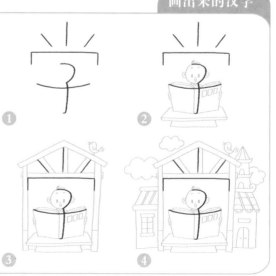

※演变中的汉字

閃 ► 閃 ► 閃 ► 闪

画出来的汉字

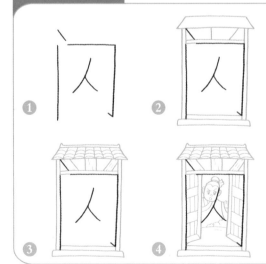

❶ ❷ ❸ ❹

"门"里有"人"在门边偷看，似乎动作很快的样子，一会儿探头看看，一会儿又躲起来，这就是"闪"字的本义。后面由此引申出忽隐忽现、突然出现的意思。

院 ► 院 ► 院 ► 院 ► 院

画出来的汉字

　　"院"是典型的左右结构，左边的"阝"代表高山，右边的"完"代表用围墙将房子围起来，所以"院"字的本义是院墙、庭院，后来指有围墙的安静住宅。

❶ 　❷

❸ 　❹

※演变中的汉字

窘 ▶ 窘 ▶ 窘 ▶ 窘

画出来的汉字

①

②

③

④

"窘"字上半部分的"穴"代表洞穴，下半部分的"君"为声符，看着像一个人。整个字的意思就是落难的人躲在洞穴里，显得十分窘迫。后引申为落难时的艰难景况。

画出来的汉字

"余"字特别有意思，上半部分是个有屋顶的房子，下半部分是树木。整个字形就像是原始人在树上搭盖的树屋，代表一种简易的建筑。后来引申出空闲、多余的意思。

第三章 汉字里的天文地理

山

画出来的汉字

古人称大山为山，称小山为丘。"山"是个象形字，其字形恰似三座并排的山峰。最早的时候，"山"的三座山峰基本是等高的，金文之后突出了中间的主峰。

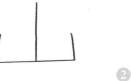
❶

❷

❸

❹

 ▶ ▶ ▶

画出来的汉字

①

②

③

④

　　"火"是象形字，像火焰升腾之状，本义是物体燃烧所发出的光和热。《韩非子》中记载了燧人氏钻木取火的事迹，造字时，人们就按照火焰的轮廓造出了"火"字。

※演变中的汉字

画出来的汉字

无论是日光还是月光，都是从人的头顶上照射下来的。古人根据这个特点造了"光"字。"光"的字形就像是一个跪坐的人，头上有个火把照明。"光"的本义是明亮。

 ❶  ❷

 ❸  ❹

 ▶ ▶ ▶

画出来的汉字

①

②

③　　　④

"云"是象形字。在甲骨文中，人们用简单的线条就勾勒出了云的形状，并用弯曲的线条表现了卷状的云团。它的本义是云彩，后来引申出说的意思。

▶ ▶ ▶

画出来的汉字

　　"雷"的上半部分是"雨",因为打雷的时候总是下雨;下半部分的"田"表示响雷所发出的巨大声响。古人认为打雷的时候就仿佛天上有战车经过,是不是很形象呢?

❶

❷

❸

❹

※演变中的汉字

 ▶ ▶ ▶ 明

画出来的汉字

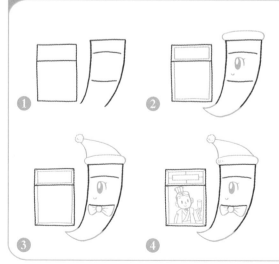

在古代，"明"字左边的"日"可代表窗户，右边的"月"代表月亮，合在一起，指月光透过窗户照射进来，有照明和光明的意思。还有一种说法，"明"表示日月同辉，大放光明。

※演变中的汉字

曉 ▸ 曉 ▸ 曉 ▸ 晓

画出来的汉字

　　"晓"由"日"和"尧"
组成，"日"表示清晨初升
的太阳，"尧"表示高处。
站在高处上的人看到太阳
升起，就知道新的一天已
经来到了。由此，"晓"的本
义就是天亮了。

 ▶ ▶ ▶ 星

画出来的汉字

① ②

③ ④

古代的夜空似乎更黑，星星也显得更加明亮。"星"字的上半部分是数量不等的"口"形或"日"形，表示星星，下半部分表示树木，兼作声符。"星"的本义指星星、星辰，可引申为像星星一样的东西。

画出来的汉字

　　"旦"字上半部分的"日"代表太阳，下半部分的"一"代表地平线，很生动地表现了太阳刚刚升起，离开地平线时的样子。所以"旦"的本义是天亮、早晨。

① _____

② _____

③ _____

④ _____

 ▶ ▶ ▶

画出来的汉字

① ② ③ ④

"霖"字由"雨"和"林"组成，意思是下了很久的雨。雨下在树林里，又下了很长的时间，树木才能够涵养水源，让水变得丰沛起来，所以"霖"也表示雨水充沛。

画出来的汉字

　　"需"字表现的是一个在雨中的人。下雨的时候，为了避免被雨水淋湿，我们最好等待雨停，或者等到雨具，所以"需"的本义是等待，后引申为需要、索取。

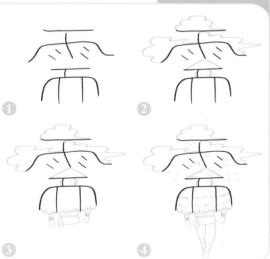

① ② ③ ④

※演变中的汉字

 ▶ ▶ ▶ 旱

画出来的汉字

"旱"字中，上面的"日"代表太阳，下面的"干"代表树枝干了。"旱"字的本义就是太阳暴晒，久不下雨，树枝都被晒干了。这个本义沿用至今，比如干旱、旱灾等。

▶ ▶ 焚 ▶ 焚

"焚"字由"林"和"火"组成，表示火烧树林的意思。古代的人们放火焚烧树林，是为了获得更多的耕地，或者为了便于狩猎。现在我们提倡保护环境，焚烧树林的行为是不允许的。

画出来的汉字

❶

❷

❸

❹

 ▸ ▸ ▸

画出来的汉字

①

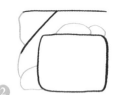
②

③

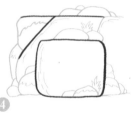
④

"石"是象形字，其甲骨文像山崖旁边有一块石头，本义是指构成地壳的矿物质硬块。可引申为坚固、磬、重量及容量单位等。

画出来的汉字

"灰"字的甲骨文字形由"手"和"火"组成。燃烧之后，什么东西可以用手拿起来呢？那就是灰烬了。所以"灰"是指物质经过燃烧后剩余的粉末状的东西。

※演变中的汉字

 ▶ ▶ ▶

画出来的汉字

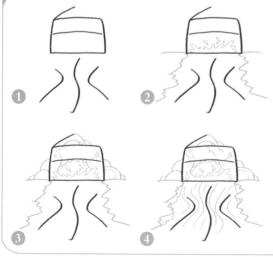

蓄积在山体中的雨水，会在山崖上找到出口流出。古代的"泉"字，就描绘了水从泉眼里流出的水形。这些水会一直往低处流，形成河流。所以"泉"字的本义是泉水、源头、水源。

画出来的汉字

早期的"嵩"字由山和很多台阶构成，表示需要爬很多台阶才能登上的山，它的本义就是大而高的山。现在的"嵩"一般情况下常见于地名，比如河南的中岳嵩山。

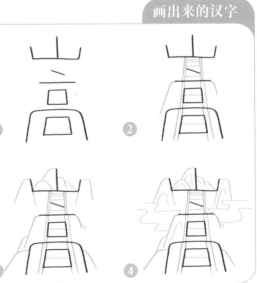

 ▶ ▶

画出来的汉字

① ② ③ ④

古人出行的时候，常需要用布扎紧两头作为包裹，里面装上物品，再用木棍穿起来，便成了一个简单便携的行囊，"东"的甲骨文本义就是两头扎起来装物的口袋，后来引申为方位的意思。

※演变中的汉字

 ▶ ▶ ▶

画出来的汉字

夕阳西下，倦鸟归巢。在甲骨文中，"西"就是鸟儿入巢栖息的意思。鸟儿在太阳落山时才会回巢，而太阳落山的方向又是西边，所以"西"就引申出方位的意思。

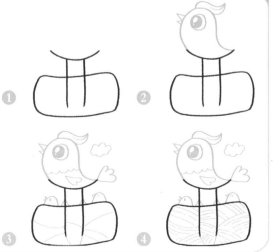

画出来的汉字

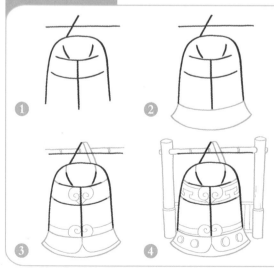

"南"在甲骨文和金文中的意思都是钟形乐器，字形也很像一口吊着的大钟。为什么钟会代表南方呢？这是因为"尚钟之风，于楚为烈"，最早的钟也出现在黄河以南。

※演变中的汉字

竹 ▶ 竹 ▶ 川 ▶ 北 ▶ **北**

画出来的汉字

"北"在甲骨文中像是两个背靠背站立的人，最早的本义是背离。由于我国古代建筑多是向阳而建，背北朝南，因此称背对的方向为"北"。后另造"背"字代替其本义。

① 北

② 北

③ 北

④ 北

画出来的汉字

"阳"由左耳旁"阝"和"日"组成，其中左耳旁代表城墙或者高地。古人把城墙或山坡上太阳照射到的一面称为"阳"，而照射不到的另一面就称为"阴"了。

▶ ▶ 陰 ▶ 阴

"阴"的意思与"阳"相反，"阴"里的"月"与"阳"里的"日"相对，表示阳光照射不到的地方，由此还产生了阴天的含义。另外，你也可以把它理解为月亮照着山的样子。

①

②

③

④

画出来的汉字

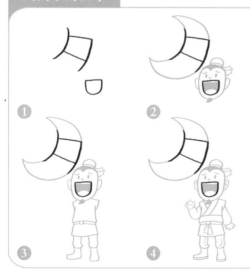

① ② ③ ④

"名"字由"夕"和"口"组成，"夕"指晚上，"口"指嘴巴。在漆黑的夜晚，看不清远处的人，需要靠呼喊"名"来辨别是谁。所以"名"的本义就是报出姓名，后引申出称呼、称号的意思。

第四章 汉字里的动物和植物

 ▶ ▶ ▶

画出来的汉字

①

②

③

④

"鸟"是飞禽的总称，"鸟"的甲骨文就像一只鸟的侧面，其中鸟头、眼睛、脚爪、尾巴和躯干都清晰可见。"鸟"（繁体字"鳥"）是一个典型的象形字，造型非常生动。

画出来的汉字

　　古人通过对鱼的观察，造出了"鱼"字。这是个象形字，我们可以在甲骨文中清晰地看出鱼的样子。后来鱼身被简化成"田"，尾鳍、背鳍简化成了一条横线。

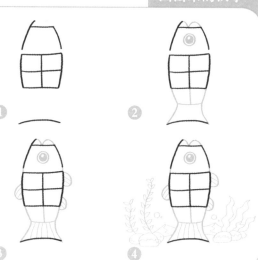

① ② ③ ④

※演变中的汉字

夗 ▶ 飛 ▶ 飛 ▶ 飞

画出来的汉字

① ② ③ ④

　　"飞"的字形像是小鸟展翅飞翔的样子。甲骨文的"飞"只看得到鸟的翅膀，篆书的"飞"就演变为鸟飞翔的姿态。后来还引申出快速和空中飘浮的意思，比如飞驰、飞舞。

画出来的汉字

在金文中，"应"即"鹰"，"应"的字形就像一只老鹰站在山崖下面，一旦有猎物出现，鹰就会迅速作出反应，非常生动。所以"应"引申出反应、答应等含义。

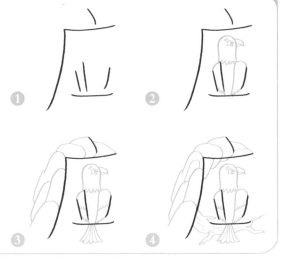

※演变中的汉字

 ▶ ▶ ▶

画出来的汉字

①

②

③

④

　　在甲骨文的字形中，"习"是由"羽"和"日"组成，代表鸟儿不停地挥动翅膀练习飞翔，"日"字强调是在太阳底下练习，"习"字本义是鸟多次练习飞翔。之后，"习"就引申出学习、练习的含义了。

画出来的汉字

　　"翁"原本是指鸟颈部的毛，比如白头翁、信天翁等。随着汉字的演变，引申出了老年男子的意思，后来引申范围逐渐扩大，还引申出了父亲和主人的意思，比如乃翁、主人翁。

❶

❷

❸

❹

画出来的汉字

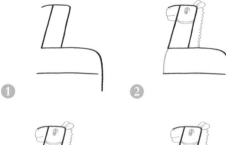

"马"是个很古老的象形字，甲骨文和金文的字形都是一匹马的样子，我们可以清楚地看出马的身躯、四肢和鬃毛。马对人类来说是很重要的动物，古人作战或远行时常把马作为坐骑。

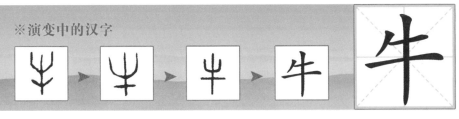

※演变中的汉字

牛

牛是特别能吃苦耐劳的动物，人们常常用它来耕田和犁地。古人根据牛的头部造型，造出了"牛"字。甲骨文中的"牛"字特别突出了长长的牛角，使得牛的形象非常生动。

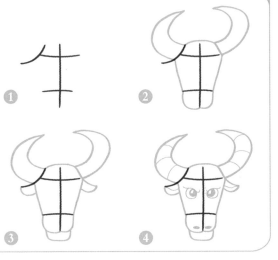

091

 ▶ ▶ 羊 ▶ 羊

画出来的汉字

①

②

③

④

"羊"的字形是一个正面的羊头，特点是两只羊角向下弯（"牛"的牛角是向上弯的），下面是突出的嘴巴和长长的胡子。在古代，羊是代表吉祥的动物。

▶

画出来的汉字

　　"兔"是象形字。在甲骨文中，"兔"很清晰地表现出了兔子的特征，它有长长的耳朵、灵活的身体、短腿和短尾巴。但是演变后就不那么象形了。

①

②

③

④

龙

画出来的汉字

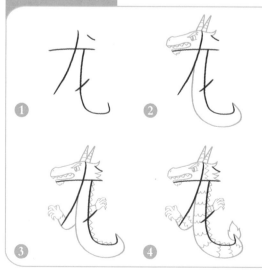

① ② ③ ④

　　龙是中国古代传说中的神奇动物。它头上有角，身上有鳞片，还有长长的尾巴。它会飞翔，会潜水，还能呼风唤雨。古人根据自己的想象，造出了"龙"字，并将上述特点体现在字形中。

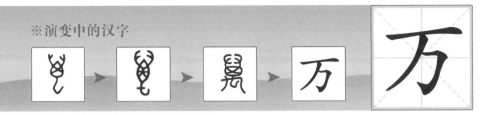

"万"的本义是蝎子，没想到吧？从甲骨文和金文的字形中，我们能清晰地看出蝎子的样子。后来到了秦汉时期，"万"被借用为数词，表示一千的十倍，引申出众多之义。

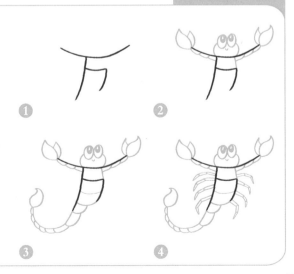

画出来的汉字

①

②

③

④

"虫"的本义是蛇，从甲骨文和金文的字形中都可以看出蛇的样子：上端是尖尖的头，有的还有两只眼睛，下面是弯曲的蛇身。可引申为昆虫类的统称。古时候人们还用"大虫"来代指凶猛的老虎。

挖 ▶ 肉 ▶ 挖 ▶ 挖 ▶ **挖**

画出来的汉字

"挖"是个会意字，"乙"像小虫，"穴"代表山洞，"扌"代表手，整个字的意思就是从地穴中用手一点点地掘出小虫。后来含义扩大，"挖"表示挖掘的意思。

❶ 挖

❷ 挖

❸ 挖

❹ 挖

画出来的汉字

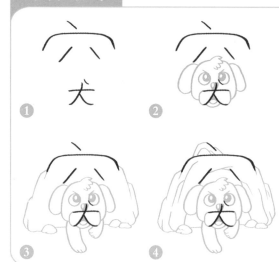

① ② ③ ④

有些古人居住在山洞中，还会养狗来看家护院。"突"形象地表现了一只狗从洞穴里冲出来，让人猝不及防。从它的这一本义，引申出突然、突如其来的意思。

画出来的汉字

　　甲骨文中的"罴"，上半部分表现的是一张大网，下半部分代表一头熊。"罴"的本义是熊被网住了。古人认为网住了熊，这次狩猎就结束了，所以"罴"后来引申出终结、完结的意思。

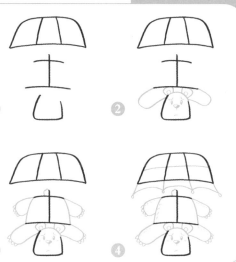

※演变中的汉字

 ➤ ➤ ➤

画出来的汉字

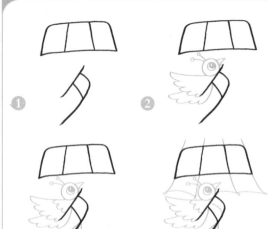

"罗"的本义是捕鸟的网，到现在还有"罗网"等词。在"罗"的甲骨文字形里，可以看出用网捕鸟的场景，非常生动。后来"罗"还引申出丝织品的含义。

▶ ▶ 集 ▶ 集

画出来的汉字

"集"的本义是许多鸟儿停歇在树上。从甲骨文和金文的字形中，我们都可以看出鸟儿聚集在树上的场景。后来引申出聚合、汇合的意思。

1

2

3

4

画出来的汉字

从古文的字形中可以看出，"家"是房子里有一头猪。古人在屋子里养猪或者用猪祭祀，有猪就成为有人家的标志。"家"的本义指住所，可引申为家庭、学术流派等义。

画出来的汉字

每年春天来到的时候，埋在地下的草木种子就会破土而出。它们拥有强大的生命力，生生不息。甲骨文中"生"的字形就像是一棵长出了地面的小苗，它的本义就是草木生长。

①

②

③

④

103

画出来的汉字

"木"是象形字，代表扎根在土地上的树木。"木"字中间的一竖代表树干，中间的一横代表树枝，左右一撇一捺代表向下扎根的树根，这是树最主要的三个部位。

画出来的汉字

"竹"是象形字，字形就像是竹竿和下垂的竹叶，它的本义就是竹子。"竹"是花中四君子"梅兰竹菊"之一，在古代还指箫、笛一类的竹制乐器，为"八音"之一。这些特质让竹子成为高雅的象征。

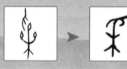

画出来的汉字

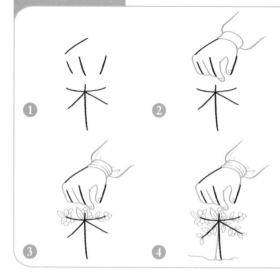

甲骨文中"采"的字形表示一只手正在采摘树上的果实，这也是"采"的本义。一般来说，树上的成熟果实都很饱满华美，所以后来引申为赞赏、仪容，比如神采、风采。

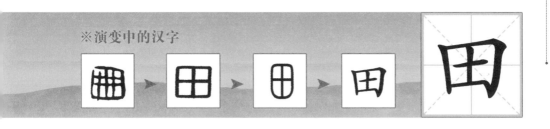

画出来的汉字

　　"田"是象形字，在字形的演变过程中，"田"一直都是田地的象形。整个字由横纵笔画组成，纵线代表阡，横线代表陌，"田"的本义就是阡陌纵横的农耕之地，非常形象。

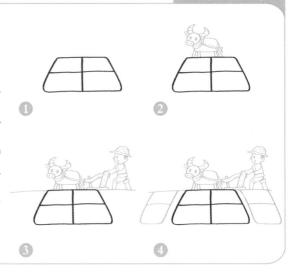

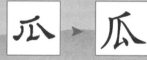

画出来的汉字

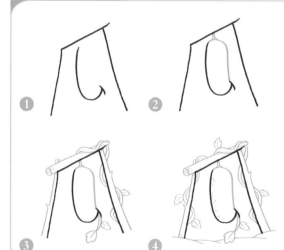

"瓜"是个象形字，它的金文字形就像是藤架上挂着一个饱满的果实，造型非常生动。后来生长在藤蔓上的果实多被统称为瓜，比如西瓜、南瓜、丝瓜等。

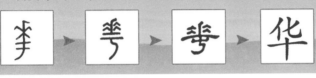

画出来的汉字

"华"是"花"的本字，本义就是木本植物开花。木本植物开花为"华"，草本植物开花为"荣"。古文字中"华"的造型也很像一朵花，这个字表现了繁花似锦、生机勃勃的样子。

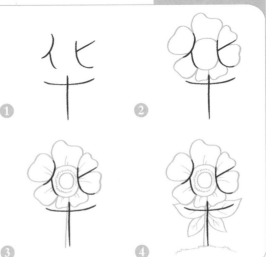

※演变中的汉字

休 ▸ 休 ▸ 休 ▸ 休

画出来的汉字

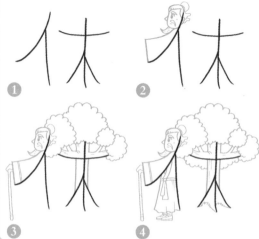

① ② ③ ④

甲骨文中的"休"由"人"和"木"组成，表示一个人在树下乘凉歇息，它的本义就是在树下歇息。古人认为"休"是指停止肢体劳动，"息"是指调整呼吸，放松身体，这两种方式组合在一起，就有了今天的"休息"一词。

画出来的汉字

　　"困"的字形就像是一棵树四周被围住，这样树就没办法好好生长，所以"困"的本义就是生长受阻。被限制生长一定非常难受，所以"困"引申出了困扰、困境的含义。

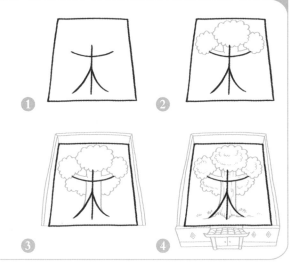

❶　❷　❸　❹

※演变中的汉字

画出来的汉字

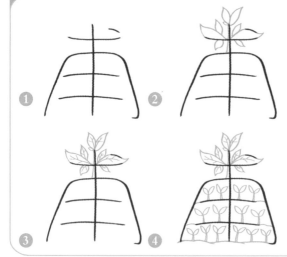

甲骨文中的"甫"表现的是田地上长出了新苗，有植物生长的意思，本义是指在农田里培育小苗。随着汉字的演变，"甫"的本义慢慢消失，假借为对男子的美称。

稲 ▸ 稻 ▸ 稻 ▸ 稻 ▸ 稻

画出来的汉字

甲骨文中的"稻"，表现了用手抓取稻粒放入容器中的场景，表示捣出米粒的过程。据史料记载，在西周以前，人们就掌握了把稻谷加工成大米的方法，后来"稻"引申为稻谷的意思。

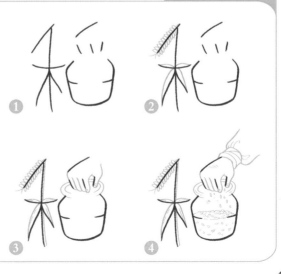

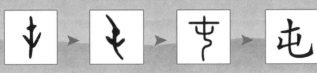

画出来的汉字

① ② ③ ④

"屯"是"春"的本字，在甲骨文和金文中，指春天的时候种子萌发新芽。古代人相信种子在冬眠后会储存大量的能量，以备破土之用，所以"屯"引申出了蓄积和聚集的意思。

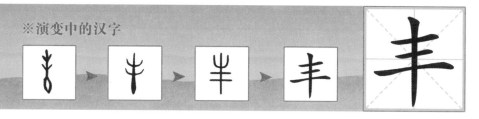

画出来的汉字

"丰"指生长茂盛的植物，中间的一竖代表植物的主干，三横代表茂盛的枝叶。后来引申为高产、多产、富饶的意思。相关用词有丰收、五谷丰登等。

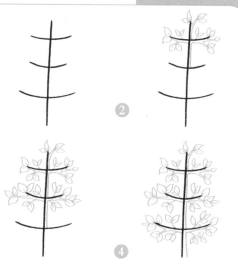

① ② ③ ④

画出来的汉字

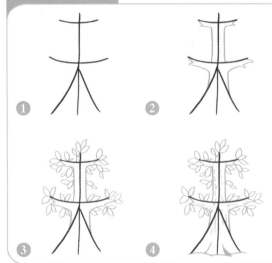

① ② ③ ④

　　甲骨文"未"字是树长出新枝的样子，表示未来。一棵树长出了很多新的树枝和树叶，一定会非常茂盛，所以"未"也指枝叶茂盛的植物。后来本义消失，多用于没有、不曾的意思。

画出来的汉字

"樊"的上半部分代表藤木篱笆，下半部分代表一双手，合在一起指用双手编织篱笆，所以"樊"的本义就是篱笆，比如樊篱。现在的"樊"字主要用作姓氏。

❶ ❷ ❸ ❹

※演变中的汉字

画出来的汉字

① ② ③ ④

古人很重视农业生产，用于收割庄稼的镰刀非常锋利。"利"由"禾"和"刂"组成，表现了用刀割庄稼的场景。甲骨文中"利"表示用刀收割，本义是锐利、锋利，后引申出利益、好处的意思。

画出来的汉字

在甲骨文里，"年"字的字形就像是一个人背着成熟的庄稼回家的样子，代表着丰收。"年"的本义就是庄稼成熟，五谷丰登。庄稼大多是一年一熟，由此人们便把这个周期称为一年。

❶

❷

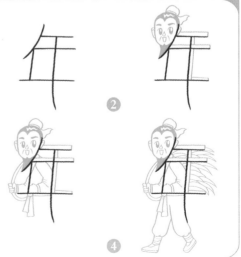

❸

❹

画出来的汉字

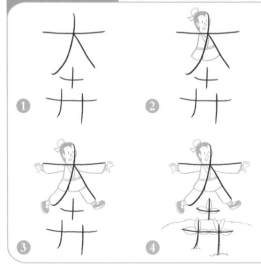

①

②

③

④

　　"奔"是奔走、急跑的意思。金文中的"奔",上半部分像一个正在挥动手臂快速奔跑的人,下半部分像三只脚,体现速度之快,表现了一个人快速奔跑的场景。后来还引申为逃亡、投奔等意思。

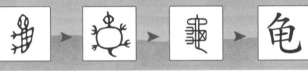

画出来的汉字

"龟"是个象形字,从甲骨文和金文的字形中,我们就可以看出这种动物的特点。它有小小的脑袋、短短的四肢和圆形的背甲,背甲上还有清晰的纹路,是不是非常形象呢?

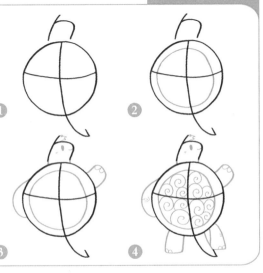

第五章　汉字里的战斗

斤

画出来的汉字

"斤"是一个象形字，本义是砍木之斧，有劈砍的意思。后来人们借用"斤"字作为重量单位，并另造"斧"字，这样"斤"和"斧"就可以各司其职了。

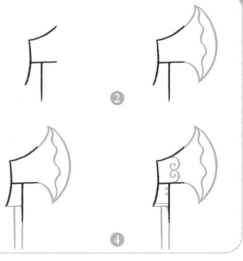

❶ ❷ ❸ ❹

※演变中的汉字

画出来的汉字

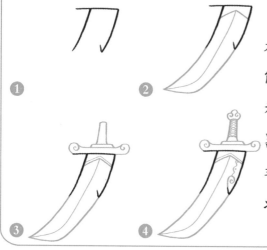

① ② ③ ④

"刀"是象形字，就像是一把刀的侧面造型。我们能够清楚地看出刀柄、刀背和刀锋。刀是古代常用的兵器，青龙偃月刀、七星刀都非常有名。后来还引申为形状像刀的东西，如"冰刀"。

画出来的汉字

"辛"在甲骨文中指一把短刀，在古代是用于行刑的刀。行刑时，犯人一定是非常痛苦、凄惨的，因此"辛"字又引申出辛苦、痛苦的意思，现在它的本义已经渐渐消失了。

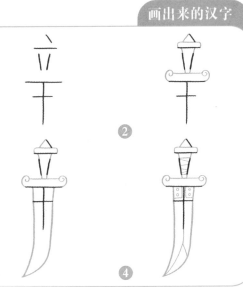

❶ ❷ ❸ ❹

画出来的汉字

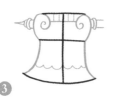

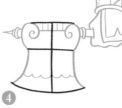

甲骨文中的"王"代表一把大斧，是战争的武器，谁拥有它，谁就拥有至高无上的权力，就可以称王称霸，所以"王"的本义就是最高统治者。随着字形的演变，我们现在已经看不出大斧的样子了。

士 士 士 士 士

画出来的汉字

甲骨文中"士"与"王"的造型非常接近，都是斧刃向下的青铜大斧。不同的是，"王"代表王权，"士"则代表持斧的审判官。另外，古代有"士农工商"四类民众，"士"还指官员和有学问的人。

❶ ❷ ❸ ❹

※演变中的汉字

 → → 衛 → 卫

画出来的汉字

① ② ③ ④

古代君王都会在道路上设置卫兵，来保护城池和自己的安全，"卫"的本义就是保护、保卫的意思。古文字中的"卫"画出了通往四方的道路，每个路口都有一个脚印，表示卫兵。

※演变中的汉字

画出来的汉字

　　甲骨文中"戒"的字形由手和戈组成。戈是古代的一种长柄武器，上端有横刀，可以用来攻击或防守。"戒"的意思就是手持长戈防卫敌人进攻，表示防备和警戒。

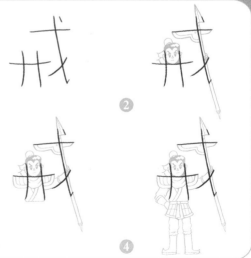

❶　　　　　❷

❸　　　　　❹

画出来的汉字

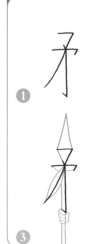

① ②

③ ④

　　在原始社会里，人们把树枝削尖作为武器，这种武器后来逐渐演变成了古代常用的兵器——矛。矛是个象形字，字形里有矛头和矛杆。历史上很有名的矛，有张飞的丈八蛇矛和卢俊义的黄金矛。

※演变中的汉字

申 申 ▸ 盾 盾 **盾**

画出来的汉字

盾牌是古代常用的防御兵器，在作战时用于保护自己。甲骨文中，"盾"是个象形字，画出的就是一块类似长方形或梯形的盾牌，中间的一竖是手持的把手，士兵可以一手持盾防御，一手持武器进攻。

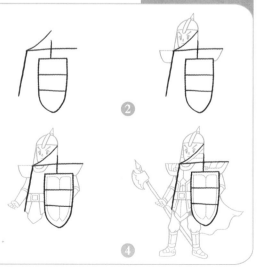

甲

十 → 田 → 🀪 → 甲

画出来的汉字

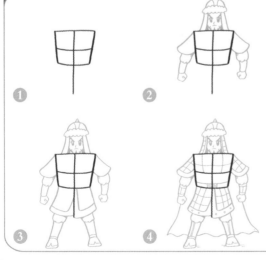

① ② ③ ④

　　"甲"是象形字，本义指护甲，其甲骨文字形就像古代士兵战时所穿的保护前胸后背的甲片之间的十字缝。可引申为铠甲以及动物身上的硬壳、角质层等。

画出来的汉字

"卒"的本义是指差役者穿的衣服，由许多甲片组成，也算是军队的军装。古代制作甲衣的时间很长，有的长达一年，所以"卒"还有完成、终结的意思，后引申为穿戴盔甲的士兵。

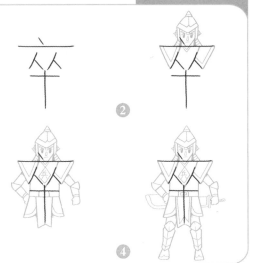

①　②

③　④

兵

画出来的汉字

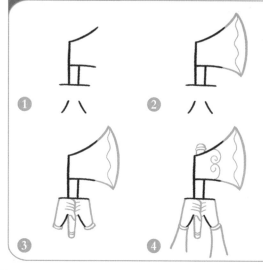

甲骨文中的"兵"，上半部分是"斤"，代表武器，下半部分是双手，本义是指双手握持武器。戈、矛、弓、矢等古代武器都属于"兵"。后引申为拿着武器战斗的人，也就是士兵的意思。

※演变中的汉字

戠 ▸ 識 ▸ 識 ▸ 识

画出来的汉字

在古代打仗时，军旗上都有特殊的标志用来分辨敌我，士兵也要听从旗帜的指挥来行动。"识"的本义就是有标志的旗帜，后来引申为认识、辨识等意思。

❶

❷

❸

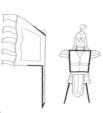

❹

135

※演变中的汉字

画出来的汉字

①

②

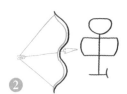

③

④

"强"是由"弓"和"虽"组成的会意字，"弓"代表武器，"虽"代表虫子或蛇，"强"的本义是指能把箭射出很远的弓。后来本义消失，引申出健壮有力、内心坚强、倔强等含义。

画出来的汉字

甲骨文"克"的字形像是一位身穿盔甲的武士。上面的一竖代表来自上方的攻击，整个字表示攻打、克敌，由此引申出克服、战胜、能够的意思。

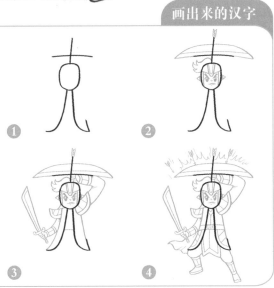

凶 → 凶 → 凶 → 凶 → 凶

画出来的汉字

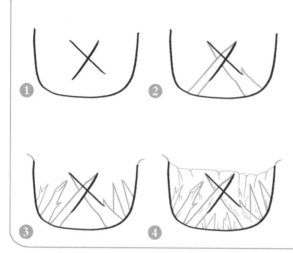

① ② ③ ④

"凶"的本义是致命的陷阱、不吉利或灾祸，它的字形看上去就像陷阱的横切面，陷阱里还布有尖刺，十分危险。后来，"凶"还引申出凶狠、凶恶、残暴等含义。

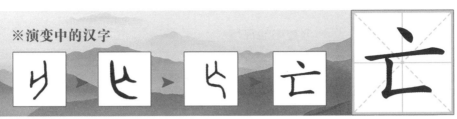

ㅸ ㄴ ㄴ 亡 亡

画出来的汉字

"亡"的甲骨文字形是在人的手上加一竖，这一竖代表盾牌或者护甲，表示战败的士兵手举盾甲逃命的样子。本义是无用的东西，后引申为失去、死亡的意思。

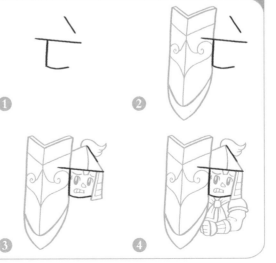

① ② ③ ④

画出来的汉字

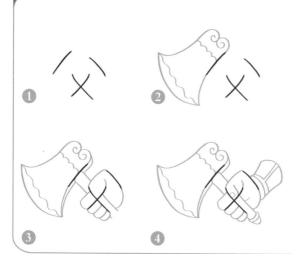

① ② ③ ④

　　"父"的甲骨文字形像一只手拿着石斧或棍棒的样子，既象征着对外御敌，又象征着对内统治。因此，"父"表示一个家族或部落里最有权威的人，后来表示一家之长的意思，常指父亲。

帅

画出来的汉字

"帅"的甲骨文本义是佩巾，后引申为统帅、将领。"帅"字的左半部分是一只手高举利剑，右半部分是一只手握着令旗，合在一起指军官拔剑执旗，指挥作战。

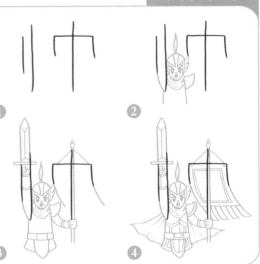

① ② ③ ④

画出来的汉字

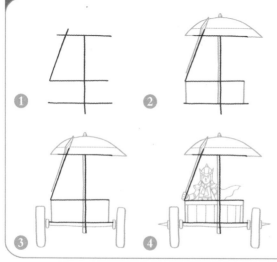

① ② ③ ④

古代的车只有两个轮子，一般由牛或马拉动。甲骨文中的"车"字就是根据古代车子的样子来造的。甲骨文的"车"有车厢、车轮、车轴，非常形象。后来逐渐演变成了今天的样子。

画出来的汉字

"两"字的金文造型中，里面的两个"人"代表两匹马，周围是车架，整个字表示两匹马牵引着战车。另一种说法是代表两个铜钱的模具，后来引申为数词，表示二和双。

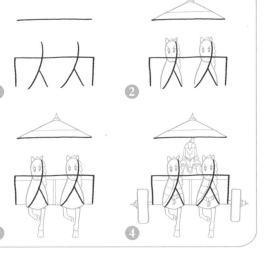

① ② ③ ④

143

攻 ▶ 夻 ▶ 玏 ▶ 攻

画出来的汉字

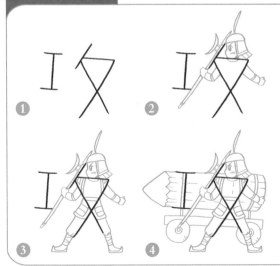

① ② ③ ④

"攻"字左边的"工"既是声旁也是形旁，表示器械，右边的"攵"表示一个人在击打，整个字表示士兵用器械撞击城门。"攻"的本义是进攻，现在引申为指责、反驳等。

战 → **擊** → **擊** → **击** → **击**

画出来的汉字

在"击"的古文字形中，我们可以清楚地看见"车"和"殳"。"车"代表战车和军械，"殳"表示使用器械进攻。所以，"击"的含义就是两军对垒，使用战车或器械进攻，如攻击、袭击。

①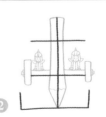
②
③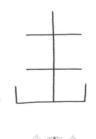
④

※演变中的汉字

刑 → 刑 → 刑 → 刑

画出来的汉字

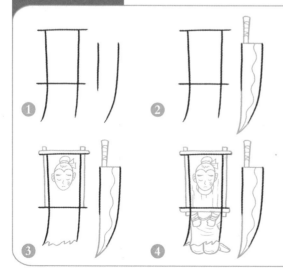

① ② ③ ④

"刑"字，左边的"开"表示犯人头戴枷锁被关在牢中的样子，右边的"刂"表示刀斧之类的刑具，合在一起就表示用刑具处决罪人。它的本义是惩治犯人，后引申为法律、治理的意思。

※演变中的汉字

晋

画出来的汉字

在甲骨文中，"晋"字的上半部分代表多支箭，下半部分代表箭筒，表示把箭放进箭筒，有进入、插入的意思，如晋见。后来"晋"的含义逐渐扩大，还表示上升，如晋级、晋升。

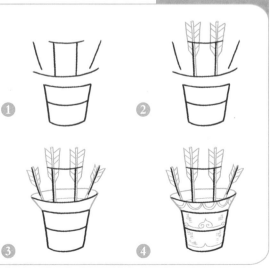

147

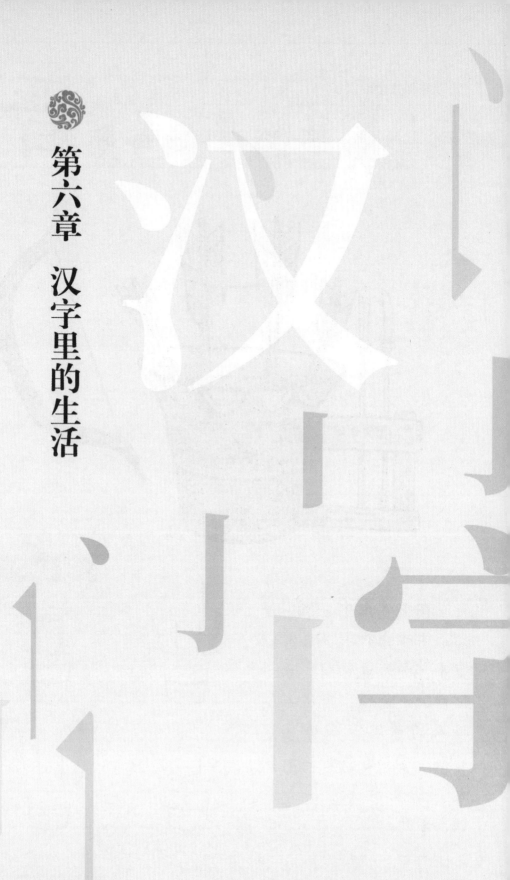

第六章 汉字里的生活

▶ ▶ ▶

画出来的汉字

在甲骨文中，"会"的上半部分表示一个盖子，下半部分表示有底的容器。因为这个容器有盖子有底，要合在一起才完整，所以"会"就产生了聚合的意思，比如集会、聚会等。

149

 ▶ ▶

画出来的汉字

①

②

③

④

古代和现代的衣服样式不同，古人的衣服多由两片衣襟交叉盖住，再系上衣带。甲骨文的"衣"字体现了衣服之形。古人管上衣叫作"衣"，下衣叫作"裳"，合在一起就是衣裳了。

画出来的汉字

在甲骨文中，"食"字由人的一张嘴和一件装着食物的容器组成，它清楚地描绘了一个人正在吃饭的样子。"食"的本义就是吃或食物，相关的词语有粮食、饮食等。

❶

❷

❸

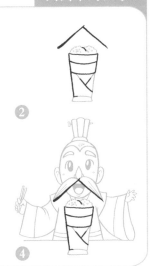

❹

※演变中的汉字

画出来的汉字

"富"的本义就是宽裕，从它的甲骨文字形里可以看出，上半部分表示房屋的屋顶，下半部分表示酒壶的形状。在古代，酒是稀有品，家中有酒是生活富裕的表现。

鲁

画出来的汉字

"鲁"是个会意字，上面表示一条鱼，下面表示一口锅。这个字表示把鱼放在锅里，做成鲜美的菜肴，所以"鲁"的本义就是鱼味道鲜美。现在的"鲁"表示率性、愚钝和莽撞。

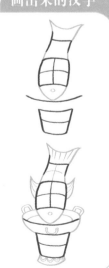

153

画出来的汉字

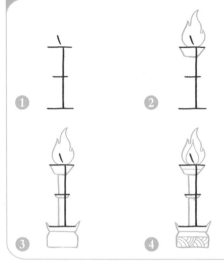

"主"是个象形字，为"炷"的本字，形状就像是点着火的灯台。上古时期，火种非常珍贵，一般由族长保管，因此"主"代表领袖人物。后引申出君主、主人、主持等含义。

154

画出来的汉字

　　"庶"字描述了生火做饭的场景。"广"表示建筑或山崖，中间的"廿"表示一口锅，下面的四个点代表火焰。因为家家户户都要生火做饭，所以"庶"引申出众多、百姓的意思。

①

②

③

④

画出来的汉字

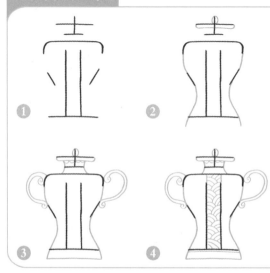

① ② ③ ④

"壶"是一个象形字，在古代表示装酒的容器。从字形中我们可以看出，壶上面有盖子，中部有脖子和大大的肚子，壶的两边还有把手，方便使用。

▶ ▶ ▶

画出来的汉字

　　"鼎"是象形字，上半部分的"目"表示鼎身，下半部分表示鼎足。古代三足鼎居多，也有方形四脚鼎。"鼎"最早是用于煮肉的器物，后来被视为国家权力的象征，常用来比喻王位和帝业。

①

②

③

④

画出来的汉字

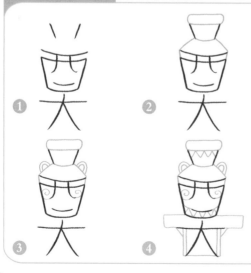

把酒坛放置在平台（甲骨文字形）或桌子（金文字形）上，以祭祀死者，这就是"奠"的本义。后来慢慢地引申出放置的意思，如奠定、奠基等。

凡 ▶ 凡 ▶ 芇 ▶ 共

画出来的汉字

想要把东西送给别人时，你是不是应该双手捧着，恭敬地奉上呢？"共"的字形表现了双手捧着东西的样子，表示合力、共同，另有总计的含义。

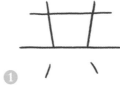
❶

❷

❸

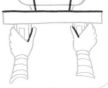
❹

159

※演变中的汉字

 ▶ ▶ ▶

画出来的汉字

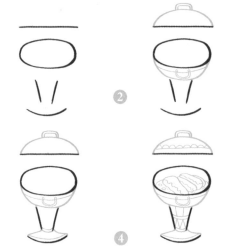

① ② ③ ④

"豆"是古代祭祀时常见的礼器，古人用"鼎"来煮肉，用"豆"来装肉。在甲骨文的字形中，"豆"表现了高脚容器的样子，它的本义就是装食物的器皿，后来表示豆类植物。

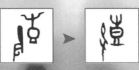

鼓

画出来的汉字

"鼓"由左边的"壴"和右边的"支"组成。"壴"是指有脚架的牛皮大鼓，"支"是手持棍棒击打的意思，合在一起就描绘了用鼓槌击打大鼓的场景。后世引申为发动、振奋的意思，如鼓励。

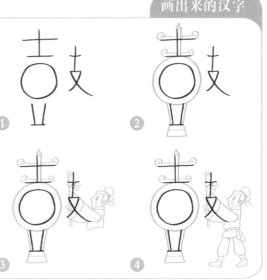

 ▸ ▸ ▸ 册

画出来的汉字

①

②

③

④

　　古代的书册是用皮绳将竹片编串成的，称为简册。从甲骨文"册"的造型里，我们隐约可以看到简册的样子。"册"中的几根竖线代表竹简，横线代表绳子。

※演变中的汉字

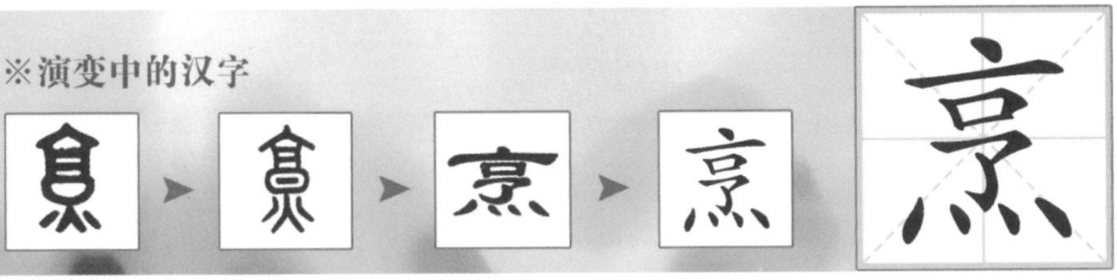

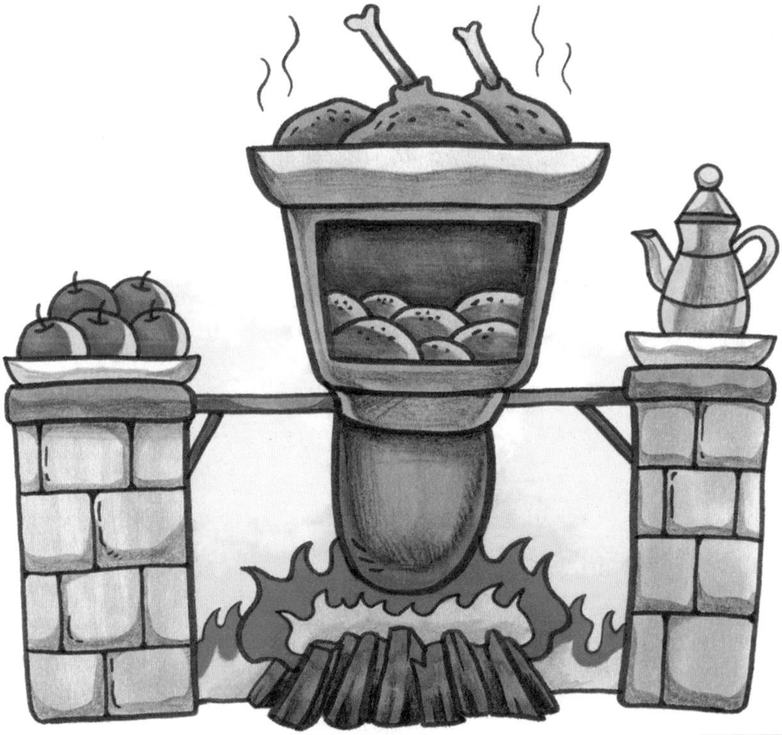

画出来的汉字

“烹”上面的“亨”表示一口煮肉的锅，下面的四个点代表火焰，合在一起就表示用火把肉煮熟，供人享用。后来慢慢演变为煮熟食物的方法，相关用词有烹饪、烹调等。

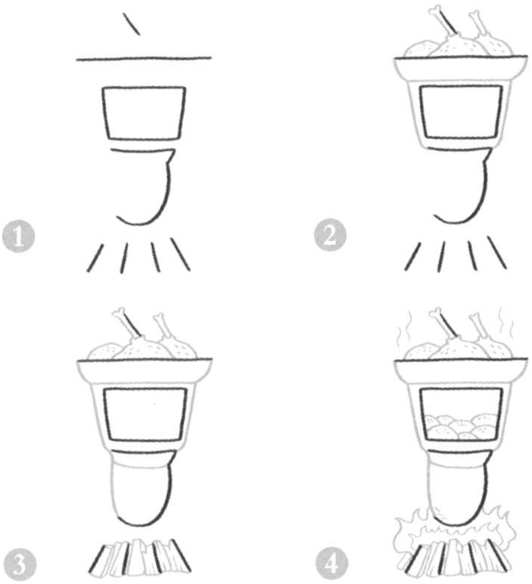

 ▶ ▶ ▶

画出来的汉字

① ② ③ ④

　　我们来看看"益"的字形，上面是流动的水，下面是一个器皿，装满水后向外流的样子叫作"益"。古代的人们认为水装得满满的是一件好事，所以引申出好处、富足的意思。

▸ ▸ ▸

画出来的汉字

　　"孟"是个会意字，构型意义说法很多，其中之一是其字形就像是一个小婴儿放在一个大大的器皿里，表示给初生的婴儿洗澡。由于婴儿刚出生时都要洗澡，所以"孟"的本义就是开始、首先。

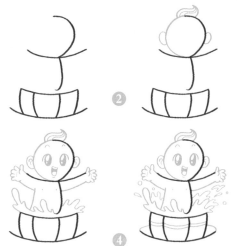

 ► ► ►

画出来的汉字

① ②

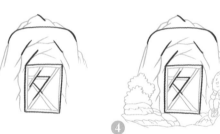

③ ④

为了让室内透气，光线变得更好，古人就在屋顶上开洞，这个洞就叫"窗"。最开始的时候，"窗"只指屋顶的天窗，后来泛指墙壁、车船上所有用于透气采光的窗口。

▶ ▶ ▶

画出来的汉字

在"图"字的古文字形中，表现了古人在皮、绢等材料上画出城池、领地及边界的地图资料，本义就是描绘事物形象。古人认为描绘事物形象时要费心谋划一番，所以"图"又有了图谋、策划的意思。

❶

❷

❸

❹

画出来的汉字

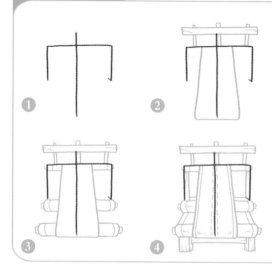

① ② ③ ④

　　"巾"属象形字,本义是手巾或擦抹用布。人类很久以前就掌握了纺织的技术。"巾"由"冂"和"丨"组成,"冂"像织布机,"丨"像织布机架子上的一匹布。

画出来的汉字

　　"欣"这个字特别有趣，左边的"斤"表示斧子，右边的"欠"表示张嘴唱歌的人。这个字表现了一位快乐的伐木工一边工作一边唱歌的场景，本义就是快乐、喜悦。

 ▶ ▶ 郎 ▶ 即

画出来的汉字

① ② ③ ④

甲骨文中的"即"，左边是装着食物的容器，右边是一个跪坐的人，合在一起表现一个人跪坐着准备吃饭的场景。因为吃饭的时候需要离食物很近，所以"即"引申出靠近的意思。

画出来的汉字

"伙"字由"亻"和"火"组成，本义是伙夫，也就是负责煮饭的人。因此，伙房就是厨房，伙食就是每天一起吃的饭菜，一起吃饭和生活的人由此称为伙伴、同伙。

班 ▶ 班 ▶ 班 ▶ 班

画出来的汉字

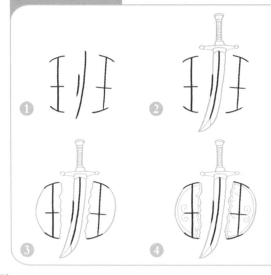

① ② ③ ④

　　"班"的本义是用刀分玉。它的字形中间的"刂"表示一把刀，左右两边表示分开的玉石。现在"班"的本义已经消失，一般指学习的组织，如班级；也表示按排定的时间开行，如班车。